AF198903

Das kleine

- Stress -

Büchlein

Marten van den Berg

Illustrationen und Cover: Hannes Mercker, Freudenstadt

Bibliografische Information der Deutschen Bibliothek: Die Deutsche Bibliothek verzeichnet diese Publikation in der Deutschen National-bibliographie; detaillierte bibliographischen Daten sind im Internet über http//dnb.de abrufbar.

© 2019 van den Berg, Marten
Herstellung und Verlag: BoD – Books on Demand, Norderstedt
ISBN: 9783750417342

Inhalt

Einführung

Seit 2007 halte ich regelmäßig Vorträge zum Thema Stress vor Patienten einer Rehaklinik. In dieser Zeit entwickelte sich dieser Vortrag immer weiter. Inhaltlich wurden Fragen und Bemerkungen der vielen Zuhörer zur Geburtshilfe von Änderungen und Erneuerungen.

Im Laufe der Zeit versuchte ich immer mehr, durch das Erzählen von Geschichten, die Inhalte greifbarer zu machen und den Stress durch Langeweile zu verringern. Zeitweise stand ich mit Holzkeule und Spielzeug-Löwenwelpe ('Tiger') auf der 'Bühne'.

Immer häufiger kam von meinem Publikum die Bitte, die Folien meines Vortrags in Druck zur Verfügung zu stellen. Oder einschlägige Literatur zu benennen, in der man das alles noch einmal nachlesen könnte.

Wie es dann so ist… Irgendwann habe ich mich daran gemacht dieses Buch zu schreiben. Zunächst meinte ich, dass so etwas nur ein paar Wochen in Anspruch nehmen würde. Ziemlich weit gefehlt. Wohl ein „typisches Beispiel männlicher Fehleinschätzung".

Nun ja, jetzt habe ich mir dafür dann doch die Zeit genommen. Das Ergebnis liegt vor Ihnen. Möge es Ihnen wohl bekommen.

Stress...

- **Ursprünglich ein Begriff aus der Physik...**

- **„Eine Kraft, die zur Verformung oder Zerstörung führt von dem Gegenstand auf den sie ausgeübt wird"**

Stress = Überbelastung

- **Dieser Begriff wurde von Medizinern und Psychologen übernommen.**

Der amerikanische Physiologe Walter Cannon befasste sich während des ersten Weltkrieges mit dem traumatischen Schock, die viele Soldaten aufgrund ihrer Erfahrungen im Krieg erlitten. Er verwendete den Begriff Stress um die „fight-or-flight"-Reaktionen (Flucht-oder-Kampf-Reaktionen) in bedrohlichen Situationen anzudeuten. (1914, zit. nach Lazarus & Folkman, 1984, zit. in Wikipedia).

Hans Selye formulierte 1936 (zit. nach Lazarus & Folkman, 1984, zit. in Wikipedia) aufgrund der genannten Arbeiten Stress als körperlichen Zustand unter Belastung, welcher durch Anspannung und Widerstand gegen äußere Stimuli (Stressoren) gekennzeichnet sei.

Der Stressbegriff wurde in den 1970-er und 1980-er Jahren immer mehr benutzt, auch in der Umgangssprache. Heute ist er aktueller denn je, weil die Kosten der dauerhaften Überbelastung, sowohl auf der persönlichen Ebene, aber auch als volkswirtschaftlicher Faktor, immer bedeutender werden.

Heute...

(Stressbegriff in der Umgangssprache)

- **Auslöser bestimmter Reaktionen auf psychischer und körperlicher Ebene**
  (Stressoren)...

- **Diese Reaktionen selbst**
  (Stressreaktion)

- **Konflikt**
  („Stress mit jemanden haben")

- **Positive Belastung: „Eustress"**

- **Stressreaktion: auch durch Unterbelastung**

Wenn Begriffe allgemein benutzt werden, verlieren sie oftmals an ‚Schärfe'. Das heißt, dass die Bedeutung nicht mehr so klar ist wie in der wissenschaftlichen Anwendung. Auch beim Stressbegriff hat diese Entwicklung stattgefunden.

Wenn wir heute von Stress sprechen, können mehrere Sachen damit gemeint werden.

Mit „Stress" können wir das meinen, was von ‚außen' auf uns einwirkt und dann eine Fülle von Reaktionen, die insgesamt Stressreaktion genannt werden, auslöst. Die äußeren Faktoren werden auch Stressoren genannt. Aber Achtung: auch Gedanken, Emotionen oder körperliche Empfindungen oder Vorgänge können Stressoren sein!

Belastungen, die eine – soweit ersichtlich – positive Wirkung auf uns haben nennen wir „Eustress". Hierbei sind eine positive geistig-emotionale Grundhaltung zur Belastung sowie ausreichende Erholung von der Anstrengung Voraussetzung.

Kommt es, z.B. durch Krankheit oder Verlust der Arbeit, zu einer ‚Unterbelastung', dann kann auch diese eine Stressreaktion verursachen.

Was ist eine Stressreaktion?

Wo kommt diese her?

Stellen Sie sich vor...

Vor 15.000, vielleicht auch 20.000 Jahren ging ein gutgelaunter junger Mann, nennen wir ihn Arid, auf die Kaninchenjagd. Er streifte durch den Wald, die Sonne schien, es blühten Blümchen am Wegesrand, Vögelchen zwitscherten in den Bäumen. Alles in allem ein angenehmer Jagdspaziergang.

Aber dann... Plötzlich, wie aus dem Nichts, steht ihm ein gewaltiger Tiger gegenüber.

Uffh..., da hat unser Arid ein Problem. Auch vor 20.000 Jahren hat man schon gewusst: Tiger können ganz schön gefährlich sein, verspeisen manchmal sogar Menschen.

Um zu überleben, stehen unserem Steinzeit-burschen zwei Alternativen zur Verfügung, nämlich zu kämpfen oder zu flüchten (im Englischen: fight or flight).

Zwei??? Nein, es gibt noch eine dritte Möglich-keit: sich tot stellen, erstarren. Dazu später mehr.

Bei seiner Begegnung mit dem Tiger hat Arid vermutlich nicht viel Zeit, um sich zu überlegen, ob er kämpfen oder flüchten möchte: Tiger sind dafür bekannt, dass sie recht schnell Entscheidungen treffen, so dass unser junger

Freund eventuell nicht das Ende seiner Überlegungen erleben würde. Überleben können bedeutet: rasend schnell entscheiden und dann ebenso schnell und kraftvoll handeln.

Um so schnell und kraftvoll reagieren zu können, dafür hat die Natur uns mit einer entsprechenden Reaktion gesegnet. Und das ist die Stressreaktion.

Durch diese Stressreaktion passiert in Windeseile jede Menge in Arids Körper.

- Es werden *Stresshormone* ausgeschieden. Die zwei wichtigsten sind das *Adrenalin* und das *Kortisol*.

- Das *Herz* fängt an schneller zu pochen und transportiert auch pro Schlag mehr Blut durch den Körper.

- Die *Blutgefäße* reagieren, sie weiten sich, vor allem zu den Muskeln hin. Oder sie ziehen sich zusammen, z.B. ist dies rund um Magen und Darm und unter der Haut der Fall. Für das akute Überleben ist die Verdauung nicht wichtig. Bei einer Verletzung verblutet man nicht so schnell, wenn die Haut weniger durchblutet ist.

- Es wird schneller *geatmet*.

- *Energiereserven* kommen zum Einsatz (*Glykogendepots* in Leber und Muskeln)

- Aus anderen Zutaten wird *Blutzucker* hergestellt.

- Die Anspannung in den Muskeln (Muskeltonus) wird erhöht.

Sobald Arid vor einem Tiger steht, sieht er keine Blümchen und hört er keine Vögelchen mehr. Er sieht und hört nur noch den Tiger.

Die Wahrnehmung verengt sich (Tunnelblick), die Konzentration wird erhöht.

Ach ja, die dritte Möglichkeit, die sollten wir nicht vergessen. Schon deshalb nicht, weil gerade dieses Erstarren oder Totstellen alles andere als unproblematisch ist. Das fängt schon damit an, dass ein Tiger sich dadurch eventuell gar nicht von seiner Mahlzeit abhalten lässt.

Aber da gibt es noch mehr…

Vielleicht haben Sie schon einmal einen Tierfilm gesehen, in dem ein Gepard eine Gazelle verfolgt. Nun sind Geparden unheimlich schnell, sogar noch deutlich schneller als Antilopen. Deshalb endet eine solche Verfolgungsjagd in der Regel damit, dass die Antilope vom Gepard eingeholt wird. Nun reicht ein kleiner Tick mit der Pranke, die Antilope lässt sich fallen und stellt sich tot.

Wozu dient dieses doch leicht eigentümliche Verhalten?

Nun, zu kämpfen, das macht für eine Antilope gegen einen Gepard keinen Sinn, dieser ist dafür um einiges besser ausgerüstet. Das Flüchten hat leider nicht geklappt. Jetzt stellt dieses Erstarren die letzte, zugegeben, eher kleine, Möglichkeit dar, in dieser verzwickten Situation doch noch zu überleben.

Manchmal startet ein Gepard die Verfolgungsjagd nur, weil die Antilope gerade vor seiner Nase weggesprungen ist und damit den Jagdreflex ausgelöst hat. Hat die Katze keinen Hunger, dann ist der Reiz des Jagens vorbei, wenn sein Opfer sich nicht mehr bewegt. Auch kann es sein, dass der Gepard im letzten Moment vor dem Zubeißen gestört wird. Zum Beispiel indem ein – in diesem Fall glücklicherweise vollgefressener – Löwe vorbei kommt.

Trifft dies ein, und die Gazelle überlebt, dann können wir Folgendes beobachten. Das Tier bleibt einige Minuten regungslos liegen, steht auf, schüttelt sich und geht weiter, als ob nichts passiert wäre.

Genau hier fangen jedoch für uns Menschen die Probleme an. Dieses Erstarren kennen wir sehr gut. Es sind vor allem Situationen und Ereignisse, in welchen wir emotional überfordert sind und ‚nicht wissen was zu tun', die eine solche Erstarrung hervorrufen. Wir sprechen in so einem Fall häufig von einem Schock.

Die Gazelle wird durch das Schütteln die aufgestaute Energie wieder los und kann sich wieder entspannen. Im Gegensatz zu ihr, wissen wir Menschen nicht mehr, wie damit umzugehen.

Das Ereignis kann dann nicht verarbeitet werden und es findet eine traumatische Speicherung im Gehirn (Amygdala, Mandelkern) statt. Jede künftige Aktivierung dieser Informationen, egal ob bewusst oder unbewusst und sogar im Schlaf, löst aufs Neue eine emotionale und körperliche Stressreaktion aus. Das ist auf Dauer sehr ungesund und führt zu seelischen (u.a. Depression, Angststörung, Schlafstörung) und körperlichen Erkrankungen.

Von selbst löst sich so ein Trauma nicht. Auch darüber zu reden, insofern das überhaupt möglich ist, nutzt meist gar nicht und kann sogar für extra Belastung sorgen.

Wir sprechen dann von einer Retraumatisierung. Wirkliche Hilfe bieten lediglich spezialisierte Traumatherapieverfahren, die eine tatsächliche Änderung in der Speicherung der Informationen bewirken können.

Ein Beispiel solcher Verfahren ist das EMDR (Eye Movement Desensitization and Reprocessing), hierbei werden die beiden Hirnhälften, wechselnd stimuliert. Ursprünglich wurde dieses durch Augenbewegungen, erreicht. Inzwischen werden beispielsweise auch wechselseitige Berührungen dafür benutzt. Ich selbst arbeite mit einem Verfahren, das vorwiegend aus der energetischen Psychotherapie stammt und um Aspekte des EMDR und des NLP (Neuro Liguistischen Programmierens) erweitert wurde.

also…

Eine

Stressreaktion

ist:

- **Eine im Laufe unserer Entwicklungsgeschichte entstandene**

- **vorprogrammierte Reaktion auf Gefahr**

- **mit dem Ziel dem Organismus das Überleben zu ermöglichen**

- **durch Freisetzung von Kapazitäten**

- **für eine von drei Handlungsalternativen**

  - **Kämpfen**

  - **Flüchten**

  - **Erstarren**

und…

Was passiert bei einer Stressreaktion?

- **Hormone werden freigesetzt**
  - o **Adrenalin (sofort)**
  - o **Kortisol (verspätet, nach ca. 30 Min.)**
- **Energiereserven werden freigesetzt (Glykogendepots in Leber und Muskeln, Produktion von Blutzucker)**
- **Herzfrequenz und Herzschlagvolumen werden erhöht**

- **Schneller atmen: Sauerstoff**

- **Vaskuläre Reaktionen: zentral/peripher**

- **Muskeltonus wird erhöht**

- **Wahrnehmung wird verengt, Konzentration erhöht**

Dauerstress...

Ich arbeite in einer sehr fortschrittlichen Klinik. Vor einiger Zeit habe ich in einer Besenkammer noch eine ausrangierte Zeitmaschine entdeckt. Zwar mit ein paar Beulen und Schrammen, aber noch voll funktionsfähig. Die kommt mir natürlich gerade recht.

Also, die Einstellung auf minus 20.000 Jahre, dann nix wie hin, ich schnappe mir so ein „Steinzeitkerlchen", dann wieder zurück und ich stelle den Burschen auf den Marktplatz einer mittelgroßen deutschen Stadt. Was würde wohl passieren?

Ich halte es für wahrscheinlich, dass der arme Kerl in kürzester Zeit zusammenbricht. Alles, was er sieht, hört, riecht und schmeckt wäre für ihn neu und somit lebensgefährlich. Es folgt dann Stressreaktion auf Stressreaktion, sein Körper würde da sicherlich nicht lange mitspielen.

Nun, lassen wir das lieber. Soll unser armes Opfer lieber vor 20.000 Jahren glücklich leben und sterben.

In der Steinzeit konnte es durchaus einmal passieren, dass man eine Begegnung mit einem Tiger oder mit einem Bären hatte. Allerdings war das mit Sicherheit kein tägliches Erlebnis und man hatte noch genügend Zeit, sich von den Strapazen zu erholen. Heute sieht das anders aus.

In den letzten 20.000 Jahren hat sich die Welt schon ziemlich geändert. Die Menschheit war daran sicherlich nicht unbeteiligt. Wir selbst sind jedoch noch genau die gleichen, wie in der Steinzeit. Das heißt: die angeborenen Reaktionen auf Gefahr sind noch genauso da wie damals. Auch für uns lösen diese 'neuen' Reize Stressreaktionen aus.

Zwar fallen diese durch Gewöhnung nicht mehr so ausgeprägt aus wie in vorgeschichtlichen Zeiten. Dafür haben wir aber nicht mehr wie damals die Zeit, uns davon zu erholen. Die Stressreize kommen in Minuten- oder gar in Sekundentakt. Und die Reaktionen verhalten sich kumulativ. Im Laufe eines Tages schaffen wir es dadurch trotzdem, einen Stresspegel wie bei einer Begegnung mit einem Tiger zu bekommen.

Wenn wir dieses Tag für Tag erleben und uns davon nicht ausreichend erholen, begeben wir uns in einen Teufelskreis mit am Ende schwerwiegenden Folgen.

Dazu noch ein kleines Beispiel aus der Technik.

Stellen Sie sich vor…

Ein netter junger Freund von mir, der Kevin, hat eine, ich muss zugeben etwas beschränkte, Leidenschaft: schnelle Autos.

Jetzt hat der Junge mal richtig Glück, er gewinnt einen ordentlichen Betrag im Lotto. Also: ab zum nächsten Maserati-Händler und flugs das schnellste Modell gekauft.

Nun hat unser Kevin schon mal in einer Fachzeitschrift gelesen, dass diese Autohersteller richtige Spaßverderber sind.

Da bauen die einen ordentlichen 760 PS Motor in so einen Schlitten ein, versehen diesen aber mit so vielen Beschränkungen, dass die Leistung sich so gut wie halbiert.

Mein Freund Kevin möchte sich natürlich nicht mit so einer abgehalfterten „lahmen Karre" zufrieden geben. Glücklicherweise ist ein guter Kumpel von ihm Mechatroniker. Dieser nimmt sich das Gefährt mal vor und schraubt alle Begrenzungen raus.

Jetzt ist aber warten angesagt, nämlich bis Deutschland im Endspiel der Fußball-WM steht. Dann ist Kevins Stunde gekommen: mit Bleifuß von Hamburg nach München.

Auch wenn unser Möchtegern-Rennfahrer Glück haben sollte und alle Kurven schafft, wird er trotzdem vermutlich nicht in München ankommen. Irgendwo unterwegs wird sein Auto, durch die anhaltende Höchstleistung, zusammenbrechen. Und was wird als erstes kaputt gehen? – Das schwächste Teil!

So wie beim Auto, so ist es auch beim Menschen. Ab und wann Stress bringt uns nicht um. Solange wir die Möglichkeit haben uns gut davon zu erholen ist alles in Ordnung. Müssen wir dauerhaft eine überhöhte Leistung bringen, dann gehen wir irgendwann kaputt. Und was nimmt am ehesten Schaden? – Na klar! Unsere schwächste Stelle.

Was passiert bei Dauerstress?

- „Materialmüdigkeit"

    o Organschädigung

    o Muskelverspannung/ -schädigung

    o Schädigung von Gelenken und Knochen

- **Psychische Überbelastungszeichen**

  o **Ängste**

  o **Depression**

  o **Nervenzusammen -bruch**

- **Erschöpfungssyndrome**

  o **„Ausbrennen" („Burnout")**

Die Stressreaktion ist dafür gedacht in gefährlichen Situationen das Überleben zu sichern. Der Körper stellt alle möglichen Ressourcen zur Verfügung, damit das auch klappt und wir zu Höchstleistungen fähig sind. Alles gut und schön, so lange wir Zeit haben, uns davon zu erholen und solche Ereignisse nicht zu oft auftreten.

Problematisch wird es, wenn andauernd Stress-reaktionen ausgelöst werden. Die fehlende Regenerationszeit führt dazu, dass die Effekte sich addieren. Der ‚Stresspegel' steigt an.

Dauerstress führt zu Verletzung und Krankheit. Gerade unsere individuellen Schwachstellen bekommen als erste ihre Probleme.

Stress und Krankheit

Hinweise auf Zusammenhänge zwischen Dauerstress und...

(eher körperlich)

- **Autoimmunerkrankungen**

- **Abwehrschwäche**

- **Tumorerkrankungen: der „programmierte Zelltod" funktioniert nicht mehr**

- **Herz – Kreislauf - Erkrankungen**

- **Erkrankungen von Magen und Darm, z.B. Geschwüre**

- **Kopfschmerzen (Migräne u.a.)**

- **Tinnitus (Ohrgeräusche)**

- **Skeletterkrankungen**

- **Übergewicht (Kortisol)**

Der Magen-Darm-Trakt reagiert stark auf Dauer-stress. Weil sich bei der Stressreaktion die Blutgefäße in diesem Bereich zusammenziehen, werden Magen und Darm weniger durchblutet. Dadurch wird die Versorgung des Gewebes mit Sauerstoff und Nahrung verringert. Auch wird es weniger ‚gesäubert‘, weil die Stoffwechsel-produkte nicht ausreichend abtransportiert werden.

In diesem Zustand werden Magen und Darm anfälliger für Infektionen. Auch Keime, die normalerweise harmlos sind, können jetzt zu einem Problem werden.

Das Immunsystem befindet sich für ca. 70% im Darm. Hat der Darm zu leiden, dann leidet das Immunsystem mit. Es wird geschwächt, was unser Widerstand gegen Infektionen allgemein schwächt. Außerdem geraten die Immunzellen aus dem Tritt: die Wahrscheinlichkeit, dass körpereigene Zellen nicht mehr als solche erkannt und angegriffen werden nimmt zu. Hierdurch kann es zu sogenannten Autoimmun-erkrankungen kommen.

Von Autoimmunerkrankungen können Organe betroffen sein. Autoimmunhepatitis (Leberent-zündung), Autoimmunpankreatitis (Entzündung der Bauchspeicheldrüse), Morbus Crohn und Colitis Ulcera (entzündliche Prozesse, vor-wiegend im Verdauungstrakt).

Bei Hashimoto ist die Schilddrüse, bei Morbus Bechterev die Wirbelsäule Ziel der körpereigenen Attacken.

In den letzten Jahren treffe ich bei meiner Arbeit immer mehr Menschen, die gleich mehrere Autoimmunerkrankungen haben.

Die beiden Kardiologen Friedman und Rosenman meinten in 1959 festzustellen, dass Menschen mit einer bestimmten Art, wie sie mit Stress umgehen, anfälliger wären eine koronare Herzerkrankung zu bekommen. Nach der Beschreibung waren diese sogenannte Typ A Persönlichkeiten ziemlich unruhige, ungeduldige und cholerische Menschen. Typ B Personen wären dann eher das Gegenteil, ruhig und gelassen, und würden nicht herzkrank. Es stellte sich im Laufe der Zeit heraus, dass die Unterscheidung nicht so einfach getroffen werden kann. Trotzdem scheinen speziell Ärger und Feindseligkeit, sowie Dauerstress generell, tatsächlich zu Herzkrankheiten beizutragen.

Bei einer Stressreaktion reagieren die Muskeln derart, dass sie sich anspannen um schneller und kraftvoller agieren zu können. Der Muskeltonus wird also erhöht. Eine häufige Begleiterscheinung bei Stress sind denn auch Muskelverspannungen. Diese wirken sich allerdings auch auf unser Skelett, insbesondere auf die Gelenke und auf die Wirbelsäule aus.

Die angespannten Muskeln in diesem Bereich erhöhen den Druck auf die Bandscheiben. Bandscheibenvorfälle und erhöhter Verschleiß sind die Folgen.

Das Stresshormon Kortisol macht sich vielfältig im Körper bemerkbar. Für Menschen mit Übergewicht (Adipositas) sind einige Wirkungen besonders problematisch.

Das Kortisol verstärkt den Appetit, es macht Hunger. Außerdem regt es die Eigenproduktion von Blutzucker an: der Körper fängt an aus anderen Zutaten Blutzucker herzustellen. Die Menge, die nicht als Energielieferant verbraucht wird, wird dann durch dieses Hormon in die Fettzellen eingeschleust und in Fett umgewandelt. Bei psychischem Stress kann das durchaus ein Großteil des Blutzuckers sein.

Weil unter Stress die Neigung groß ist, zu schnell zu essen, hat der Körper nicht die Möglichkeit rechtzeitig Sättigungssignale zu senden. Die Folge ist, dass in solchen Situationen weit mehr gegessen wird, als für den Energiebedarf notwendig wäre.

Stress und Krankheit

Hinweise auf Zusammenhänge zwischen Dauerstress und...

(eher Psychisch)

- **Burnout**

- **Angststörungen**

- **Depressionen**

- **Konzentrationsstörungen**

- **ADS und ADHS**

- **Schlafstörungen**

Dauerstress bedeutet, dass Körper und Psyche dauerhaft über Gebühr beansprucht oder belastet werden. Fehlt die Zeit oder die Energie sich zu erholen oder etwas zu unternehmen, das Freude macht und uns wieder Kraft gibt, dann bekommen wir Probleme. Wir arbeiten dann auf Kosten unserer körperlichen Reserven.

Das Erschöpfungssyndrom, das aufgrund dieser dauerhaften Überbelastung entsteht nennen wir im Allgemeinen ein Burnout Syndrom. Es gab Bemühungen diese Begrifflichkeit zu unterbinden und nur noch von Depressionen zu sprechen. Hiermit wird die Erkrankung allerdings auf eine persönliche Schwäche des Erkrankten reduziert.

Die Ursachen der Erkrankung, im Sinne einer Überbelastung, werden ausgeblendet. Selbstverständlich sind alle Menschen in erster Linie zunächst einmal selbst für sich und ihre Gesundheit verantwortlich. Es ist jedoch nicht von der Hand zu weisen, dass die Anforderungen des Alltags seit Jahren eine ansteigende Tendenz zeigen.

Keiner käme auf die Idee, von einem Usain Bolt jeden Tag aufs Neue die Einstellung seiner Bestleistungen zu fordern. Im Arbeitsleben ist dies leider gar nicht so unüblich. So werden ausscheidende Mitarbeiter einer Abteilung häufig gar nicht ersetzt, „weil es doch auch so geht".

Dazu kommen ständige zusätzliche Belastungen. Neue Medien und Emailflut. Doppelt- und Dreifachbelastung für (alleinstehende) Eltern, und Pflege von Angehörigen versetzen viele Menschen in Dauerstress, mit allen bekannten Folgen.

In der neuen Version der ICD (internationale Klassifizierung von Erkrankungen), die ab 2022 gültig wird, ist Burnout erstmals als Krankheit aufgeführt. Allerdings mit der Einschränkung, dass diese aufgrund der beruflichen Belastung entstanden sein muss. Hierbei gehen dann zum Beispiel Personen, die einen Angehörigen pflegen und auf Grund dessen ein Burnout Syndrom haben, leer aus.

Wie verstärken wir selbst den Stress?

Zum Beispiel durch

- **Übertriebenes von sich verlangen:**

  - ○ **Perfektionismus**

  - ○ **Keine Fehler tolerieren**

  - ○ **Alles selbst machen wollen**

  - ○ **Workaholismus**

- **Übertriebenes Verantwortungsgefühl**

    o Sich für „alles" oder

    o Sich für andere verantwort-
       lich fühlen

- **Von allen geliebt werden
  wollen**

    o Sich den Bedürfnissen an-
       derer fügen

    o Die eigenen Bedürfnisse
       nicht wahrnehmen

    o Immer für andere da sein,
       Helfersyndrom

- **Stress verstärkende Kogni-tionen**

  o **Gedanken/Selbstgespräche**

  o **Überzeugungen**

  o **Glaubenssätze**

  o **Verknüpfungen mit früheren Erfahrungen**

- **Sich nicht ausreichend ab-grenzen**

  o **Nicht „nein" sagen können**

  o **Die Arbeitszeit nicht ausrei-chend von der restlichen Zeit abgrenzen**

Perfektionismus ist für viele Menschen ein Problem. Häufig bekommen wir diese Haltung schon „mit der Muttermilch" eingeflößt. Schon als Kinder werden wir darauf hingewiesen, dass Fehler unerwünscht und zu vermeiden sind. Oftmals verwenden wir einen Großteil unserer Energie nur darauf, vorzubeugen, dass wir Fehler machen und dadurch ‚Schuld' hätten. Durchaus nützliche, manchmal notwendige, Eigenschaften wie Kreativität und Experimentierfreudigkeit geraten durch diese Grundhaltung meist ins Hintertreffen.

Von Henry Ford, dem legendären Gründer der Ford-Werke, der übrigens auch die Einführung des Laufbands zu verantworten hat, gibt es eine überlieferte Geschichte. Einst kam einer seiner Manager zu ihm und gestand ihm, einen, auch finanziell, folgenschweren Fehler gemacht zu haben. Er sagte: "Jetzt, dass Sie dieses erfahren haben, werden Sie mich wohl entlassen." Darauf erwiderte dann Ford: „Sie spinnen wohl, gerade habe ich eine halbe Million Dollar in Ihre Ausbildung investiert!"

Wenn wir (insgeheim natürlich) davon aus-gehen, dass wir besser arbeiten als andere, neigen wir auch dazu neue Aufgaben, Projekte oder Mehrarbeit zu übernehmen. Vorgesetzte lieben diese Einstellung und fördern sie gerne auch.

Sowohl Lob als auch besonders kniffelige oder anstrengende Arbeiten finden so wie von selbst ihren Weg zu Mitarbeitern, die beruflichen Einsatz oben auf ihrer Prioritätenliste haben.

Sich mit seinen Aufgaben oder mit seiner Arbeitsorganisation zu identifizieren hört sich zunächst einmal positiv an, ist es eventuell auch. Problematisch wird es dann, wenn diese Identifikation zu einem Gefühl der Verantwortung führt, das über den eigenen Aufgabenbereich hinausgeht.

Damit zusammenhängend haben viele Menschen Schwierigkeiten, nach der Arbeitszeit ‚abzuschalten'. Die bewusste oder unbewusste Auseinandersetzung mit Themen der Arbeit findet einfach kein Ende. So kann es passieren, dass man mitten in der Nacht aufwacht, weil man meint, die Lösung eines Arbeitsproblems gefunden zu haben. Für einen erholsamen Schlaf ist das sicherlich nicht förderlich.

Noch problematischer wird es, wenn wir uns für andere Menschen verantwortlich fühlen. Ausnahmen gibt es dort, wo diese nicht für sich die Verantwortung tragen können (z.B. Säuglinge, demente Personen). Das Gefühl, für andere verantwortlich zu sein, erzeugt nicht nur Stress.

Es macht auch unsere Gegenüber kleiner, unselbstständig, wenn wir ihnen nicht die Eigenverantwortung überlassen.

Sich darüber Gedanken und Sorgen zu machen, was andere Menschen über uns denken könnten, ist eine der Lieblingsbeschäftigungen der Menschheit. Die Befürchtung, dass das Urteil nicht eindeutig positiv ausfallen könnte, verursacht schon direkt Stress. Darüber hinaus verstellt diese Haltung den Blick auf unsere eigenen Bedürfnisse. Schon im Voraus ahnen wir, was andere Menschen von uns möchten und handeln dann danach. Echt schwierig wird es, wenn die vermeintlichen Wünsche zweier Personen an uns nicht miteinander zu vereinbaren sind. Ein innerer Konflikt und Stressreaktionen sind dann vorprogrammiert.

Hilfsbereitschaft ist ein hohes Gut. Wer jedoch sein Leben (fast) ausschließlich danach ausrichtet anderen Menschen zu helfen, bekommt Probleme. Und natürlich auch Stress.

Über die Folgen der modernen Technik könnte man dicke Wälzer schreiben. Die Informationsflut stellt für jeden eine Herausforderung dar.

Auch wenn wir von den potentiellen direkt schädigenden Effekten durch Strahlung von Smartphone und Co. einmal absehen, führen maximale Erreichbarkeit und soziale Kontrolle neben Reizüberflutung und Inflation und Kurzlebigkeit von Informationen zu einer nicht einzuschätzenden Überforderung unserer armen Gehirne.

Stress Strategie

- **Analyse**

  - Welche äußere/innere Rei-ze/Situationen lösen bei mir Stressreaktionen aus?

  - Welchen Anteil habe ich selbst daran?

  - Wann hat es angefangen?

  - Wie hat sich das ent-wickelt?

  - Welche sind die wichtigsten Auslöser?

    (80/20-Regel)

- **Ziele formulieren**

  - Klar

  - Attraktiv

  - Erreichbar, realistisch

- **Maßnahmen formulieren**

  o **Deutlich**

  o **Reiter und Pferd**

  o **Ort und Zeit**

- **Durchführen**

  o **Konsequenz**

- **Kontrollieren**

  o **Ob**

  o **Wie?**

  o **Ergebnis?**

- **Analyse...**

Wenn wir irgendetwas als Problem oder als störend empfinden, nehmen wir uns oftmals vor, etwas zu ändern. Vor allem, wenn es schädliches oder unangenehmes Verhalten betrifft, ist der erste Januar dafür das ideale Datum. Bekannt geworden ist dieses löbliche Anliegen unter dem Begriff „gute Vorsätze". Leider sind gute Vorsätze anfällig für eine natürliche Schwäche, die ich meist ‚das Silvesterphänomen' nenne. Am 31. Dezember überdenke ich meine guten Vorsätze und stelle fest: „Leider nichts daraus geworden."

Warum funktioniert das oftmals so unbefriedigend mit den guten Vorsätzen? Dafür gibt es mehrere Gründe:

- Unsere Vorhaben sind selten klar sondern eher vage formuliert.

- Meist ist nicht klar, was wir für das Erreichen unseres Vorsatzes machen müssten.

- Ebenso undeutlich ist es, nach welchem Kriterium wir unsere Leistung beurteilen sollten.

- Die meisten Menschen sind mit einem Kontrollzeitraum von einem Jahr deutlich überfordert.

Daher ist es besser die Sachen strukturiert anzugehen. Dafür bietet sich eine strategische Herangehensweise an. Wichtig dabei: alle Schritte sollten schriftlich festgehalten werden. Das macht das Ganze verbindlicher, klarer, motivierender und hat einen belohnenden Aspekt.

Wie immer, wenn wir mit komplexen Problemen zu tun haben, ist es sinnvoll zunächst darauf zu schauen, was eigentlich Sache ist. Weil wir Stress als unangenehm erfahren, ist oftmals die Neigung da, diesen auszublenden. In der Folge werden wir dann häufig abrupt vom Stress überrascht. Wir sind dann gezwungen ad hoc eine Lösung für ein akutes Problem zu finden.

In der Natur der Stressreaktion liegt es, dass wir gerade in diesen Situationen meist nicht in der Lage sind kreativ zu sein (Tunnelblick). Das heißt, das in der akuten Stresssituation als Regel ‚alte', 'bewährte' Lösungen zum Einsatz kommen. Funktionieren diese nicht, werden diese meist nicht fallengelassen, sondern erfolgt ein neuer Versuch mit noch mehr Energie.

Besser ist es sich in Ruhe und mit Distanz zum Thema strukturiert mit der Problematik auseinanderzusetzen.

Bei dieser strategischen Herangehensweise geht es zunächst einmal darum zu analysieren. Wir schauen uns ganz genau an, welche Reize, Situationen, Personen, Gewohnheiten oder Gedanken eine Stressreaktion in uns hervorrufen.

Es kann durchaus sein, dass sich dabei eine sogenannte Kausalkette ergibt. Zum Beispiel gibt mir mein Chef schriftlich einen Auftrag mit dem Notiz: „Bitte mit Vorrang behandeln". Daraufhin frage ich mich: „Wie soll ich jetzt meine Tagesaufgaben schaffen?" Das erinnert mich an meine Schulzeit, wo ich oft meine Hausaufgaben nicht fertig bekam. Ich wurde vom Lehrer gerügt. Mein nächster Gedanke: „Das schaffe ich nie!" Ich bekomme Herzrasen, fange an zu schwitzen, mir wird heiß und meine Gliedmaßen spannen sich an.

Wenn ich die Ursachen herausgefunden habe, die für meine Stressreaktionen verantwortlich sind, schaue ich mir zunächst einmal an, welche davon die Wichtigsten sind. Es gibt eine Regel die besagt, dass für 80% der Folgen, nur 20% der Ursachen verantwortlich sind. Das ist hilfreich, denn logischerweise werde ich mich zunächst einmal ausschließlich mit diesen 20% befassen. Damit erleichtere ich mir das Leben und beuge auch Stress vor.

Dann überlege ich mir, was ich in Bezug auf diese 20% erreichen will. Manchmal können Probleme zu 100% gelöst werden und lösen dann keinen Stress mehr aus. Das ist dann schön, aber relativ selten. In anderen Fällen ist es realistischer – und stressfreier, wenn ich eine Besserung von beispielsweise 80% (war da nicht etwas?) erreichen kann. Auf jeden Fall ist es wichtig fest zu legen, wie/wann ich weiß, dass mein Ziel erreicht ist.

Der nächste Schritt besteht daraus, Maß- nahmen zu formulieren, die dazu führen sollen, dass ich meine Ziele auch erreiche. Welche das sind, ist vom speziellen Problem und von der individuellen Situation abhängig. Anregungen finden Sie im nächsten Abschnitt. Sinnvoll ist es, nicht nur festzulegen, was gemacht werden soll, sondern auch wie, wann und wo.

„Es gibt nichts Gutes, außer man tut es." Nach diesem Motto setzen wir unsere Maßnahmen in die Praxis um. Gewissenhaft, motiviert, aber nicht verkrampft. Auch bei der Umsetzung hat Perfektionismus nichts verloren. Der erzeugt nämlich nur extra Stress, wir setzen uns unnötig unter Druck. Wäre es nicht schön, wenn wir zunächst einmal 80% schaffen?

Nach der Umsetzung folgt dann die Kontrolle. Hieran hapert es des Öfteren.

Regelmäßig und in nicht zu großen Abständen sollten wir schauen ob und wie wir unsere Maßnahmen durchgeführt und unsere Ziele erreicht haben. Umso klarer diese formuliert wurden, idealerweise sogar in Zahlen, umso leichter ist es festzustellen, ob wir unseren Ansprüchen gerecht geworden sind. Am Anfang sollten die Kontrollen mindestens einmal wöchentlich, eventuell auch täglich, später mindestens einmal in zwei Wochen stattfinden.

Das Ende des strategischen Ablaufs ist gleichzeitig der Anfang für einen neuen Zyklus. In der Analyse stellen wir fest, welche Änderungen zum vorherigen Zyklus eingetreten sind. Welche Stressquellen sind jetzt die wichtigsten? Waren die Maßnahmen erfolgreich indem die Ziele erreicht wurden oder braucht es neue? Sollten neue Ziele formuliert werden? Haben Ziele und Maßnahmen zu einer ausreichenden Stressreduktion geführt und reicht daher eine weitere Überwachung und Kontrolle der Belastung aus?

So wird der Umgang mit dem Thema Stress zu etwas, was auch dauerhaft unsere Aufmerksamkeit hat. Signalisieren wir eine Zunahme der Belastung, so können wir schneller und effektiver eingreifen.

Unsere Gesundheit und unsere Lebensqualität werden uns dafür dankbar sein.

Handlungskatalog:

Sofortmaßnahmen

- **Entspannung**

  - ○ **Kurzform AT/PMR**

  - ○ **Tief durchatmen**

- **Wahrnehmungslenkung/ Ablenkung**

  - ○ **Etwas anderes erledigen**

  - ○ **Spazieren gehen**

  - ○ **Sich etwas Schönes vorstellen**

  - ○ **Lachen, Humor**

- **Positive Selbstgespräche**

  o **Sich Mut machen**

  o **Belastende Gedanken umdrehen**

- **Abreagieren**

  o **Körperliche Anstrengung**

  o **Aggressionen gezielt herauslassen**

  o **Schreien**

  o **Sich schütteln**

  o **Tanzen**

Wenn wir akut mit einer Stress-auslösenden Situation konfrontiert werden, ist es logischerweise nicht immer möglich auch sofort mit Stress-reduzierenden Maßnahmen zu reagieren. Manche – vor allem gefährliche – Ereignisse fordern nun mal sofortiges Handeln. Meistens ist es jedoch schlauer, sich zunächst einmal zu beruhigen. Dadurch verringern wir auch die Gefahr falsche Entscheidungen zu treffen.

Allgemein gilt jedoch: wenn ich mich auf unerwartete Situationen vorbereitet habe, kann ich mich, wenn diese eintreten, besser verhalten. Das heißt, wenn es mir gelingt ein Standardrepertoire von Stress-reduzierenden Tricks anzueignen, habe ich bessere Karten. Unvorbereitet bin ich meist nicht in der Lage, mich an geeignete Maßnahmen zu erinnern. Das hat damit zu tun, dass sich bei der Stressreaktion die Wahrnehmung verengt. Wir entwickeln einen Tunnelblick, der uns die Sicht auf Alternativen versperrt.

Entspannung ist das genaue Gegenteil von Stress. Dementsprechend effektiv ist es dann auch, sich zu entspannen, wenn eine Stressreaktion droht oder eingesetzt hat. Selbstverständlich setzt dieses voraus, dass ich mich auch entspannen kann.

Habe ich dies noch nie geübt, dann ist es unwahrscheinlich, dass es mir in einer stressigen Situation gelingen wird. Selbst wenn es mir da einfallen sollte. Sowohl vom Autogenen Training (Schulz) als auch von der Progressiven Muskelrelaxation (Jacobson) gibt es eine Kurzform, die dem Geübten innerhalb von wenigen Minuten Stressreduktion ermöglicht. Es gibt natürlich auch Alternativen. Sehr wirksam ist es zum Beispiel die Augen zu schließen und zehnmal tief und konzentriert ein- und auszuatmen.

Wenn mich etwas stresst, ist es manchmal sehr hilfreich, den Auslöser vorübergehend aus meinem Gehirn zu verbannen. Das kann gelingen durch Ablenkung: ich richte meine Aufmerksamkeit auf etwas anderes. Ich kann das erreichen, indem ich zum Beispiel etwas erledige, das nichts mit dem Auslöser zu tun hat. Oder ich denke ganz gezielt an Sachen, die mir Freude machen.

Humor ist eigentlich eine extra Kategorie. Ich lenke mich hierbei nicht wirklich ab. Stattdessen nehme ich dem Auslöser den Schrecken, indem ich irgendein Aspekt oder die Situation als Ganzes humorvoll betrachte. Der Aspekt kann ich übrigens auch selbst oder es kann meine Reaktion sein. Automatisch entsteht hierbei eine größere psychische Distanz zum Thema.

Durch diese Distanz werden dann Stress-reaktionen vorgebeugt oder verringert.

Weil wir bei Stressreaktionen dazu neigen diese innerlich negativ zu kommentieren, ist es sehr hilfreich, diese Gedanken genau umzudrehen. Statt zu denken: ‚Viel zu viel Arbeit, das schaffe ich nie', sagen wir uns: „Das bisschen Arbeit schaffe ich locker".

Stressreaktionen ändern unsere Körperchemie. Wenn wir dagegen nichts unternehmen, wirkt sich das auf Dauer körperlich und seelisch negativ aus. Deshalb sollten wir nach einem Tag voller Stress die Chemie wieder ins Lot bringen, indem wir uns abreagieren. Sport ist da eine naheliegende Möglichkeit, aber es gibt auch Alternativen.

Aggressionen und Frustrationen können wir aktiv ausleben. Bitte nicht an Lebewesen, wählen Sie dafür lieber strapazierfähige Gegenstände wie ein Boxsack.

Seinem Herzen kann man auch Luft machen, dadurch dass man in den Wald geht und ganz Laut schreit. Dazu bieten sich ganz besonders Wörter an, die mit den Buchstaben „Sch" an-fangen. Wie zum Beispiel: „Schön!!!"

Antilopen schütteln sich, wenn sie gerade dem Tod von der Schippe gesprungen sind.

Auch bei uns Menschen hilft es, unseren Körper zu schütteln um den Stresspegel zu senken.

Tanzen, insbesondere das frei Tanzen auf fetziger Musik, ist ein weiteres bewährtes Mittel um nach dem Stress wieder ins Gleichgewicht zu kommen.

Handlungskatalog:

Langfristige

Maßnahmen

- **Entspannung (regelmäßig)**

  - o **AT/PMR/Atementspannung/ Meditation...**

  - o **Yoga/Qi Gong**

- **Zeitmanagement**

  - o **Durchdacht mit Zeit umgehen**

  - o **Eine andere Einstellung zum Thema Zeit finden**

- **Hilfe in Anspruch nehmen**

  - Tatkräftig (delegieren)

  - Rat

  - Emotionale Unterstützung

- **Problemlösung**

- **Einstellungsänderung**

  - Eigene Ansprüche

  - Gelassenheit

- **Kompensation**

  - Kino, Theater, Hobby, Natur

  - usw...

Stress ist für die meisten Menschen nicht eine einmalige Angelegenheit, sondern er begleitet uns in der Regel jeden Tag. Daher ist es sinnvoll, auch durch langfristige Maßnahmen dieses Problem anzugehen.

Es wirkt sich zum Beispiel gut aus, wenn wir uns regelmäßig entspannen. So ab dreimal die Woche, jeweils 20 Minuten oder mehr, das wäre schon ein guter Anfang. Dabei spielt es grundsätzlich nur eine untergeordnete Rolle, welche Methode für die Entspannung eingesetzt wird. Einzige Voraussetzung: sie bewirkt tatsächlich eine echte Entspannung. Ob das so ist, können wir daran feststellen, ob wir nach der Entspannung frischer sind, über mehr Energie verfügen als zuvor. Fernsehen, Computer, Smartphone und Krimis fallen somit weg.

Unser Umgang mit dem Thema Zeit ist immer mehr zu einem Auslöser von Stress geworden. Im Arbeitsleben wird eine immer höhere Produktivität angestrebt. Das heißt, dass in immer weniger Zeit immer mehr geschafft werden soll. Es werden Arbeitsplätze ‚wegrationalisiert‘, oft mehr Arbeit oder mehr Aufgaben sollen von immer weniger Leuten erledigt werden. Viele haben es mit einer immer größeren Arbeitsdichte zu tun. Eine Tendenz, die dazu führen kann, dass Menschen regelrecht verheizt und in der Folge arbeitsunfähig werden.

Die Kosten dieser Entwicklung trägt, wie so oft, die Allgemeinheit.

Im Zeitmanagement unterscheide ich zwei Varianten. Die erste nenne ich die betriebswirtschaftliche Variante. Indem ich mir meine Arbeitsabläufe kritisch anschaue und optimiere, schaffe ich mehr in weniger Zeit. Mein Chef wird es mir danken, indem er mich mit noch mehr Aufgaben betraut. (Ich gebe zu: das ist etwas ironisch ausgedrückt).

Die zweite Variante des Zeitmanagements betitele ich als die psychologische. Zeit ist ein subjektives Phänomen. Das sehen wir schon daran, dass bei Langeweile die Zeit still zu stehen erscheint. Umso hektischer wir mit der Zeit umgehen, umso mehr schrumpft sie zusammen. Umgekehrt ist es so, dass die Zeit sich dehnt, wenn wir sie mit Gelassenheit betrachten. Da lohnt es sich, die eigenen Äußerungen und Gedanken kritisch zu betrachten. Statt „das mache ich mal eben", wäre eventuell „dafür nehme ich mir die Zeit" angesagt.

Dass tatkräftige Hilfe von Kollegen oder ande-ren Menschen weiter helfen kann, daran besteht wohl kein Zweifel. Sehr sinnvoll kann es aber auch sein, eine andere Person um einen Rat zu bitten.

Dass es Sinn macht, um Rat zu bitten, hat zu tun mit einer bestimmten Auswirkung der Stressreaktion. Die Wahrnehmung verengt sich, wir entwickeln einen 'Tunnelblick'. Das wiederum führt dazu, dass wir nicht mehr in der Lage sind, die stressvolle Situation aus der Distanz zu betrachten und kreative Lösungen für unsere Probleme zu finden. Wir halten fest an altbewährte Vorgehensweisen.

Menschen, die sich nicht in dieser Situation befinden, haben diese Schwierigkeiten nicht und können eventuell mit kreativen Ideen aufwarten.

Einmal Dampf abzulassen, indem wir bei anderen Menschen unseren Emotionen freien Lauf lassen oder unsere Frustrationen zu besprechen kann sehr erleichternd wirken. Aber aufgepasst! Nicht stundenlang und jeden Tag bei der gleichen Person. Sonst werden wir selbst für unser Gegenüber zum Stressfaktor.

Das Attraktive vom Lösen unserer Probleme: wenn wir das schaffen, verbreitet dieses Problem schon mal keinen Stress mehr. Probleme lassen sich häufiger lösen als man auf den ersten Blick so denken würde. Was wir brauchen sind folgende Zutaten:

- Genügend Distanz, das heißt: nicht in der Stresssituation selbst.

- Kreativität.

- Logisches Denken.

- Das Aufheben von Denkverboten und negativen Glaubenssätzen.

Oftmals werden Stressreaktionen gar nicht in erster Linie durch überhöhte Erwartungen unseres Chefs, Kollegen, Elternteils oder Partners ausgelöst. Vielmehr sind es unser Ansprüche an uns selbst, wie Perfektion und übertriebenes Verantwortungsgefühl, die uns in die Überforderung treiben. Daher ist es gut, sich in dieser Hinsicht kritisch zu hinterfragen und alternatives Verhalten einzuüben.

Unser Alltag ist im Allgemeinen fordernd. Umso wichtiger ist es, dafür Sorge zu tragen, dass wir die verbrauchte Energie wieder auftanken können. Das heißt, dass wir jeden Tag etwas für uns tun, unternehmen sollten, was uns Freude macht und Energie gibt. Was das sein könnte, das weiß jeder für sich am besten. Merken wir nach der Arbeit, dass uns für eine solche Aktivität schon die Energie fehlt, dann ist das ein deutliches Zeichen dafür, dass wir gerade dabei sind uns zu übernehmen. Wir arbeiten dann auf Kosten unserer Reserven. Und diese sind bei jedem Menschen irgendwann endlich...

Also: reißen Sie das Ruder um! Das Leben ist viel zu schön, um es nur in Stress zu verbringen!

Dank

Wie immer war meine Frau Andrea eine enorme Unterstützung. Im täglichen Leben eine wunderbare freischaffende Künstlerin, hat sie in diesem Projekt die Rolle als 'personal lector' übernommen. Ohne ihre liebevolle Begeisterung und Motivation würde ich wohl kaum ein Buch zu Ende schreiben können. Sollte der Text leserlich sein und die Zahl der Schreibfehler sich in Grenzen halten, dann ist das ihr Verdienst. Für all das - und noch viel mehr – kann mein Dank nicht groß genug sein.

Andrea war es auch, die mich auf Hannes Mercker aufmerksam machte. Ich konnte ihn für die kreative Unterstützung dieses Buchprojektes durch die Gestaltung der Illustrationen und des Covers gewinnen. Die Zusammenarbeit mit ihm war unkompliziert, das Ergebnis seiner Kreativität hat mich beglückt. Vielen Dank dafür.

Marten van den Berg, Jahrgang 1955, Enschede, Niederlande.

Nach dem Studium der Psychologie in Amsterdam war er zunächst als Organisationspsychologe tätig. Bis 1990 war das in den Niederlanden, danach in Deutschland.

Seit 1992 arbeitet er im psychotherapeutischen Bereich, vor allem mit Menschen die chronisch körperlich krank sind. 1997 wurde er mit dem Lily-Quality-of-Life-Preis für die Entwicklung und Validierung eines Fragebogens zur Messung der Lebensqualität bei der parkinson'schen Krankheit ausgezeichnet.

Er arbeitet in eigener Praxis und ist seit 2007 in der Vitalisklinik in Bad Hersfeld beschäftigt.

Neben einem Ratgeber zum Thema Depressionen und Publikationen für Betroffene, zum Beispiel über Traumata, hat er auch einige belletristischen Titel veröffentlicht.

marten.vandenberg@t-online.de

Vom gleichen Autor veröffentlicht:

Alte Sachen – Poesie aus der Fülle des Lebens, 2007, ISBN: 978-3-8370-1380-1

Von der Rettung der Welt – und andere Märchen, 2007, ISBN: 978-3-8370-1372-6

Depressionen – und Wege nach oben, 2013, 2018, ISBN 978-3-7322-8103-9

Alle erschienen beim Verlag Books on Demand GmbH, Norderstedt

Die CD's 'Progressive Muskelrelaxation' (nach Jacobson) und 'Autogenes Training' (nach Schulz) sind beim Autor erhältlich

marten.vandenberg@t-online.de